Für meinen Vater

Bibliografische Information der Deutschen Nationalbibliothek: Die Deutsche Nationalbibliothek verzeichnet diese Publikation in der Deutschen Nationalbibliografie; detaillierte bibliografische Daten sind im Internet über http://dnb.dnb.de abrufbar.

Erstausgabe 05/2016

Umschlaggestaltung/Layout: Christine Bienert
Autorenfoto: Dennis Bienert

Herstellung und Verlag:
BoD – Books on Demand, Norderstedt
ISBN 978-3-8448-1733-1

lebenlichtschatten-momente

- Lyrik, Fotos, Fotokunst -

von
Christine Bienert

Über die Autorin

 Christine Bienert lebt mit ihrer Familie in der Region Hannover. Sie hat in verschiedenen Berufen gearbeitet, u.a. als Journalistin, Dozentin und Verlegerin. Mit ihren Lyriktexten und Kurzgeschichten ist sie in zahlreichen Anthologien bekannter Verlage vertreten und hat als Herausgeberin mehrere Anthologien mit verschiedenen Autoren veröffentlicht. Zudem schreibt sie kurzweilige Krimis und Romane.

Als leidenschaftliche Fotografin hat sie ihre Fotos in Zeitungen veröffentlicht, sowie Buchcover, Bücher und Kalender gestaltet. Mit ihren Fotos und Foto-Kunstarbeiten nimmt sie auch an Ausstellungen teil.

Von der Autorin sind derzeit im Verlag erhältlich:

Unterhaltsame Krimi-Reihe, Chris Bienert:
„Kein Lolli für den Mörder",
„Erdbeeren für den Zeugen"

Anthologien, herausgegeben von Christine Bienert und Dagmar Seidel-Raschke:
„Hundeschwätzchen", Katzenschwätzchen"

Inhalt

5

Haiku: Aus drei Zeilen mit zusammen 17 Silben (5-7-5) bestehende japanische Gedichtform (Quelle, Duden)

NaturErleben

Momentaufnahmen

Momente
verborgener Schönheit
und natürlicher Poesie

flüchtig wie
der Flügelschlag
eines Schmetterlings

einfangen
sichtbar machen
teilen

bevor
die Vergänglichkeit
der Zeit
sie unwiderruflich
verschlingt

blüten

natürliche kunstwerke
aus
farben
formen
düften
leben

geheimnisvoll
mystisch
sinnlich
für jene
die das wunder
erkennen

Tulpenmund

Mit verheißungsvoll
gespitzten Lippen
wartet die Knospe
auf den Sonnenkuss,
der sie rot
erglühen lässt,
während ihr
Tulpenmund
sich liebestrunken
öffnet.

tausendschön schmückt sich
mit tauender schneekappe
ehe sie verwässert

Verspätet

Verspätete Sommerblume
reckt trotzig
ihre Blüte
über den tristen Schnee,
als wolle sie ihm
einen Farbklecks
entgegenschleudern.

eiskalter zauber

umhüllt
die verwelkte blüte
mit glitzernden kristallen

lässt die schönheit
des vergangenen sommers
neu im winterlicht
erblühen

Spiegeldiamanten

Spiegeldiamanten
aus Eis
frieren
Sonnenlicht ein,

das ihren harten
Panzer knackt

und zu weichen
Tropfen
zerfließen lässt

high-light

vom wind verweht
segelt ein blatt
losgelöst
durch seine welt,

die es sommerlich
fest verwachsen,
nur von seinem mutterbaum
betrachten konnte,

ehe der herbst
ihm freiheit
schenkt

das blatt

unter
dem schritt
meiner Füße
knistert
das welke
blatt,

zerbröselt
zu erde
die frischem grün
zum leben
verhilft

Bäume

Auf knorrigen
Füßen
fest verankert
in der Erde

stecken sich
grüne Arme
der Sonne
entgegen

sammeln Kraft
für den Atem
des Lebens

Hilfeschrei eines Baumes

Ich möchte schreien.
Ich möchte mich befreien.
Aber ich kann es nicht.
Fest verwurzelt mit der Erdenschicht
kann ich nicht fliehen,
um mich der Folter zu entziehen,
mit der ihr mich beständig quält.

Ich erhalte euch die Luft zum Leben,
aber euer ganzes Streben
scheint darin zu bestehen
sich an meinem Leben zu vergehen.

Glaubt ihr, ihr könntet existieren,
ohne Blume, ohne Baum?
Jedes Leben würde sich verlieren.
Die Erde wär' ein toter Raum.

Noch lebe ich
Und wehre mich.
Wie lange noch?

Sonnenuntergang

Sonnenstrahlen tünchen
den Abendhimmel
mit flammenden Farben,
beleuchten lebendig
die dunkle Silhouette
eines abgestorbenen Baumes,

während blinzelnde Autofahrer
auf der nahe gelegenen Straße
ihre Sonnenblenden herunterklappen,
und der Schornstein
einer Fabrik sich
in Qualmwolken versteckt.

himmlische kunst

sonne und wolken
pinseln kunstwerke
auf himmel-leinwand

flüchtig
magisch
schön

sich endlos
neu erfindend

himmelswanderer

unentwegt
wandern wolken
flauschig
nebelverwoben
sonnendurchtränkt
über weite

bevölkern
eintönigen himmel
mit fantasiebeflügelnden
wolkenwesen

Lichtlandschaften

Lichter spielen
auf Landschaften
eine Klaviatur
der Augenblicke

bekleckern
sie mit Farbe

überziehen
sie mit Grauschleiern

tauchen
sie in fahles Mondgesicht

tanzen
mit anmutigen Schleiern

zur lautlosen Melodie
des Seins

lebendiges sein
von seitenlicht beschienen
tanzt schattenwalzer

regenbogen

aus sonnenlicht
gebogen
schimmern
glanz-farben
über dunkel-himmel

bündeln
regentropfen
in einem
schweif
flüchtiger magie

Tautropfenfäden

Tautropfen
eingewoben
in Spinnenfäden
gaukeln
im Morgenlicht
diamantene
Strickleitern vor.

Aufgeleckt
von der Sonne
verläuft
ihre Schönheit
zu unsichtbaren
Netzen.

undichte wolken
betropfen blumenköpfe
mit wasserhüten

Morgennebel

Bekleidet mit
sprühfeinen
Wassertropfen
spielt
die Natur
Versteck.

Sonnenstrahlen
lecken
ihr Dunstkleid auf,
lassen sie
vollständig entkleidet
in strahlenden Farben
erblühen.

morgendunstwolken
versinken im alpensee
bei sonnenankunft

Nebelbänke

Töne verstummen
umhüllt
von Wolkenschwaden

Welten verschwinden
aufgesogen
vom grauen Dunst

Sonne inhaliert
wabernde
Nebelbänke rückstandslos

Fließende Verwandlung

Eingebettet
in einem See
verwandeln sich
durchsichtige Wassertropfen
in schimmernde Teppiche
aus Farbe und Licht

durchwoben
von Sonnenstrahlen
und Schatten

vereint
mit der Weite
des Himmels

erschaffen
Wind und Bewegung
ein spiegelndes Kaleidoskop
wechselnder Schönheit
und Vergänglichkeit

Spiegelwelten

Spiegelwelten
im stillen See
verbergen
tiefen Grund
unter Scheinlandschaften

bis Windgekräusel
die Tarnung
onduliert

Bewegung

Das Wasser
des Meeres
umspült meine Füße,
sanft,
gewaltig,
ohne Pause.

Wieder und wieder
rollen die Wellen heran.

Tiefer und tiefer
versinken
meine Füße im Sand,
werden begraben
von erregender
Lebendigkeit.

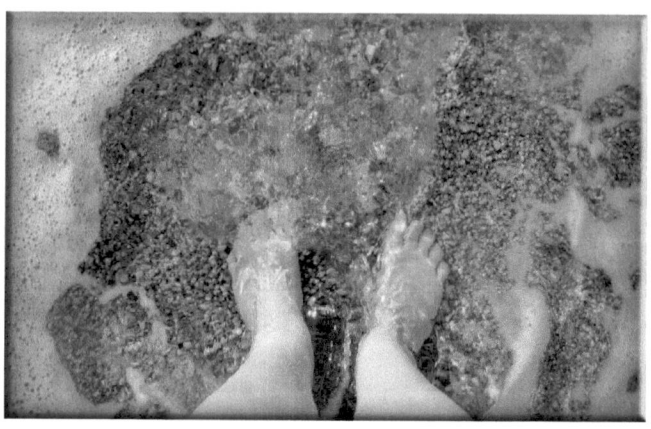

fußspuren im sand
werden von meereswellen
aufschäumend vernascht

eine muschel in
muschelscherben fühlt sich
als ganze anders

glucksende wellen
treten in konkurrenz zum
möwengelächter

meeresbrandung
beißt sich an felsen nagend
wellenzähne aus

strahlende sonne
taucht wellen in flimmerlicht
probiert seewasser

meeressteinekraft

meeressteine
am strand

unablässig
eingesogen
durchgekaut
ausgespuckt

trotzen
kraftvoll
gelassen
dem auf und ab
des meeres

Steine

Steine könnten
Geschichten erzählen
von getreten werden
und ausgeliefert sein,

aber auch
von innerer Stärke
und der Kraft
des Universums,
die alles
erschaffen hat.

Straßenasphalt

Grau und trostlos
glänzt der Asphalt.

Mit seinem starren Panzer
zwängt er die Natur zu Boden.

Die harte Decke lastet schwer,
nimmt ihr die Luft zum Atmen.

Vorübergehend.

Sie gibt nicht auf,
bahnt sich mit Kraft
einen Weg,
einen winzigen Spalt,
der eine Pflanze
zu neuem Leben erblühen lässt.

Grün und hoffnungsvoll
leuchtet sie aus dem Asphalt.

Erhaltenswert

Eine Wiese
am Rande
der Stadt

wirtschaftlich unsinnig

schenkt unzähligen
Lebewesen eine Heimat
spendet mit ihrem Grün

unbezahlbares Leben

grün

ein bisschen erde
durchdrungen
von grün
bringt ins
trostlose grau
der städte
farbige natur

Baum-Ende

Motorsägen
kreischen
durch Häuserschluchten

Grabgesang für
Städte-störende Bäume

Zurück bleibt
toter Platz
mit miefiger Luft

stadtsichten

häusermassive
straßenschluchten
menschengewimmel

versperrte aussicht
auf ausgedehnte
landschafts-weite

den blick
aufwärts gerichtet

offenbart
ein fleckchen
endlosen himmels
eine ahnung
von freiheit

Begegnung

Auge in Auge
sehen wir uns an.

Neugierig,
staunend,
abwartend.
Für einen Augenblick
gefangen
im Leben des anderen.

Stille,
Nähe,
Verbundenheit.

Auge in Auge
sehen wir uns an.
Wir,
zwei Wesen
aus verschiedenen Welten.

Ein ahnungsloses Kind
läuft in die Szene.
- Ein Eichhörnchen! -

Im Nu
ist mein Gegenüber
verschwunden.

Geblieben ist
dieser Augenblick.

Fischstäbchen

Noch weit
vom Fischstäbchen entfernt
schwimmt ein Fisch
ahnungslos im Meer

erfreut sich
an seiner nassen Welt
die wir nicht kennen
und doch zerstören:
mit Schleppnetzen
und Wohlstandsmüll,

der irgendwann
als Mahlzeit
schadstoffbespickt
auf unseren Tellern landet
und sich gegen uns wendet

Freiheit der Füße

Begrenzter Raum
umschlossen
mit Maschendraht

ein Entkommen
unmöglich

Durch Lücken
im Draht

Füße
die eine Ahnung
von Freiheit
ertasten

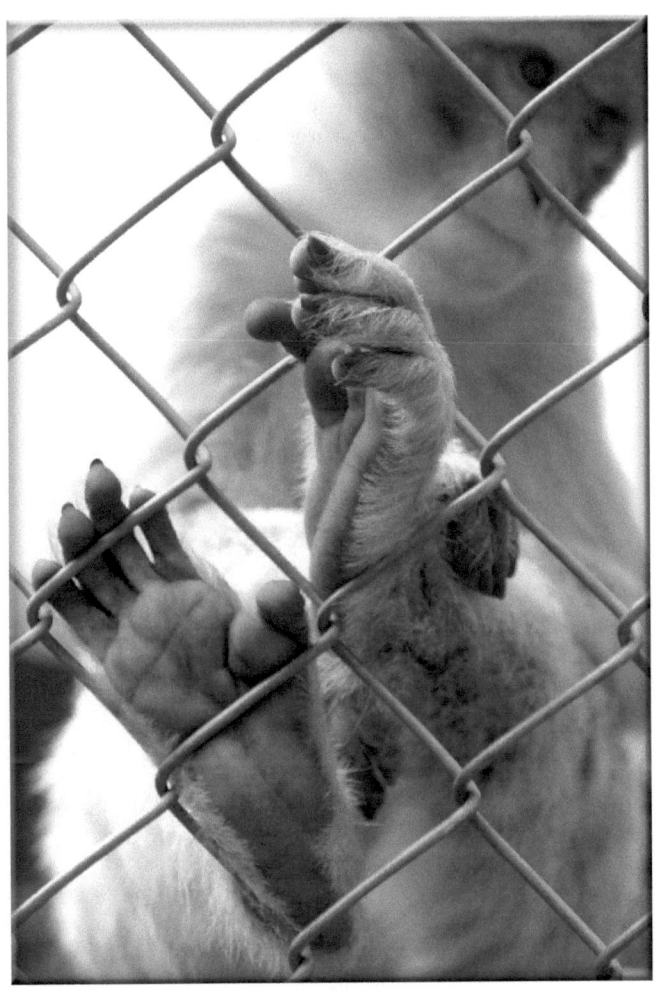

Paros

Südliche Sonne
Strand
Meeresrauschen
Wohlfühlromantik für Touristen
Lebensfreude

Unerwünscht geboren
der Mutter entrissen
in einem Beutel verstaut
achtlos
in den Müll geworfen

Beginn und Ende
eines Katzenbabys

tierblick

andersartig,
wild,
doch irgendwie
vertraut,
betrachten sie uns
auf ihre weise

seelenvoll,
scheinbar fragend,
ob sie uns
vertrauen können

Libellen

Schlanke Körper am Teich
im Liebesakt zu Herzen verbogen,
versenken die Frucht
ihres Hochzeitstanzes
in der Verborgenheit des Wassers.

Unscheinbare Nymphen
lauern in der nassen Wiege
auf ihre Zeit
ins Sonnenlicht zu schlüpfen.

Ihre enge Haut sprengend,
zwängen sie sich
dem Himmel entgegen,
bis ihre schillernden Flügel
die Kraft entfalten,
sich in die Lüfte zu erheben,
bereit zu einem neuen Hochzeitstanz.

federleicht

federspiel
im Wind

verloren
aus dem kleid
eines vogels

sturmverwirbelt
von lüften
getragen

weiter und weiter
im sog
des federleichtseins

*flauschige feder
fest verankert in zweigen
lässt den wind spielen*

ZwischenMenschliches

zug des lebens

endlos rast er
vor sich hin

einsteigen
mitfahren
neues entdecken

oder

vorbeifahren lassen
versäumen
augen verschließen

es liegt
an uns

erfüllung

warten
auf erfüllung
sehnsüchtiger
wünsche
kann endlos
dauern

entschlossenes
darauf-zu-gehen
kann sie
in greifbare
nähe rücken

Verlorene Träume

Vom Schutt
des Lebens
begraben,
schwelen
verlorene Träume
am Boden
der Gedankendeponie.

Ein einziger
Funke Mut
genügte.

Wie Phönix
aus der Asche
würden sie
sich erheben,
kraftvoll
ihre Flügel ausbreiten
und fliegen.

Lebenswege

Undurchsichtige Türen
versperren
Wege
des Lebens.

Blicke
durch Schlüssellöcher
offenbaren Ahnungen,
keine Sicherheit.

Welche Tür?
Wohin?

Ein Zurück gibt es nicht.
Die Zeit
hat den gegangenen Weg
verschlungen.

Warten?
Aber worauf?

Mut zum Vorwärts,
öffnet eine der Türen,
lässt den Weg dahinter
zu unserem werden.

Zöpfe

Verflochtene Zöpfe
fesseln meine Seele.

Zwang gegen Freiheit
die Zöpfe fallen.

Widerspenstig streben
die offenen Haare
in alle Richtungen:
frei,
suchend nach Wahrheit

bis sie wieder
an Zöpfe stoßen,
die andere
nicht abschneiden wollen.

Kindheit

Lange Zeit aufbewahrt
und doch zerbrochen

die Kindheit,
mit der Unbefangenheit
und dem Vertrauen
alles würde gut.

Langsam
schleichend
verloren gegangen

im Alltag
an unerfüllten Träumen
endgültigen Abschieden
und der Erkenntnis,
dass nicht alles
glücklich endet.

Doch immer mal wieder
meldet sie sich
mit einem Zwinkern zurück

und verzaubert mich
zu dem Kind,
das ich einmal war.

neugier

neugierig
sich öffnend
freudig forschend
neues erkundend
erfahren kinder
leben

sie lassen
auf neugier
hoffen
in verhärteten
gleichgültigen seelen
von nicht-mehr-kindern

Kreislauf

Wie eisige
Hagelkörner
prasseln Machtworte
hilfloser Erwachsener
auf Kinder ein,

werfen sie
zu Boden,
umhüllen sie
mit Autorität,

wenn Kinder
undurchschaubaren
Befehlen
nicht willenlos
gehorchen.

Manche Kinder
werden das Eis
mit starkem Willen
schmelzen.

Anderen
friert
ihr Wille ein,
bis sie
als Erwachsene

die aufgestauten
Hagelkörner
auf andere Kinder
prasseln lassen.

erinnerungen

jahre
jahrzehnte
verdichtet zu minuten
verklärt
durch den hauch
des vergessens
und der fantasie

Veränderungen

Vertraute Orte
der Kindheit,
in denen
wir allein
in Erinnerungen
Frieden und
Zuflucht finden,

werden durch
Veränderungen
der Zeit
zu fremden
Ausflugszielen.

momente-perlen

momente

glücklich
lächelnd
kontra
schmerzlich
bitter

perlenschnurartig
aufgefädelt

schmücken
leben

Gemälde
der Empfindungen

Feine Linien
des Lebens
bemalen
ein unbeschriebenes
Gesicht,

vertiefen sich
zu Falten,

die ein Gemälde
der Empfindungen
ausdrucksvoll
offenbaren,

das mit
jedem
Lächeln
an Faszination
gewinnt.

Masken

Wandelbare
Masken
tarnen
Abgründe
der Seele,

spiegeln
Erwartungen
anderer wider,
um Vorteile
und Liebe
zu erhaschen,

vergessend,
dass andere
ebenfalls
Masken
tragen.

Der Andere

Du kennst ihn nicht,
den Anderen.

Er ist dir egal.
Sieh ihn dir an.

Er ist ein Mensch,
kann fühlen,
lachen,
weinen,
sterben.

Und er denkt vielleicht
wie du:

Er ist mir egal,
der Andere...

Fremd

Fremdes umringt mich,
sofort,
als ich dieses Land betrete.

Fremde Gerüche.
Fremde Eindrücke.
Fremde Stimmen.
Fremde Gesichter.

Alles ist fremd!

Ein Lächeln huscht
über eins der Gesichter.
Ich fühle mich
wie Zuhause.

unbekannte welten

unbekannte welten
erscheinen
fremdartig
bedrohlich,
wenn wir
unwissend
ängstlich
die augen verschließen.

aufgeschlossen
sehend
begreifend,
verändern
sie sich
in einladend
vertraute welten.

innere sonne

leuchtet
die
innere sonne
vor
glück
hell
auf

dringen
ihre strahlen
nach
außen
knipsen
andere sonnen
an

glück

ist
ein augenblick
länger oder kürzer
doch wie alles
vergänglich

kostbar

kostbare
augenblicke
der liebe

es wäre schön,
sie festhalten
zu können

Quelle der Kraft

Liebe
ist
die Quelle,
die den Fluss
des Lebens
mit
Freude,
Kraft
und Zuversicht
speist.

Das Band

Auf einmal war er da,

ein dünner, unsichtbarer Faden,
der uns zaghaft umschlang,
und uns näher zueinander führte.

Immer näher und näher,
bis aus dem Faden
ein Band wurde.

Ein starkes Band,
das Vertrauen brachte
und uns zur Einheit machte.

Manchmal
wurde dieses Band hauchdünn,
fast, als wollte es zerreißen.

Doch es hielt.

Und es wird weiter halten
solange das Band
aus Liebe besteht.

Die Welle

Ein einsamer, alter Mann
der über das Leben sann,
stand morgens allein am Meer.
Seine Augen starrten leer.

Das Leben ist mies und schlecht,
auch beständig ungerecht,
klagte er voll Bitterkeit,
und verging in Selbstmitleid.

Nur Andere sind schuld daran,
dass ich kein Glück erreichen kann.
Mit ihrem Geld und ihrer Macht
haben sie mich darum gebracht.

Während er so am Wasser stand
zur Faust geballt die rechte Hand
bespritzte eine Welle keck,
die Hose kurz mit einem Fleck.

Vor Rage bebend trat er zu.
Das Resultat: ein nasser Schuh.
Empört stierte er auf's Wasser,
wurde nun zum Wellenhasser.

Dann ging er ungehalten fort.
Nichts hielt ihn mehr an diesem Ort.
Nur Ärger alle Tage lang,
das war des Lebens steter Gang.

Die Welle plätscherte leise
auf eigene Wellenweise
„Selbst schuld", in den körnigen Sand
bevor sie forsch im Meer verschwand.

blinde wut

unerfüllte
erwartungen
vergären
zu blinder wut

verstümmeln
Gefühle
der liebe

gelingt
kein loszulassen
zerfrisst sie
die sinne

bis hass
keine liebe
mehr zulässt.

krebsgeschwüre

angst
neid
wut
selbstmitleid

zersetzen
mit schmerzenden
krebsgeschwüren
die seele

die sich
nach
der liebe
sehnt

die sie selbst
nicht
zu geben
bereit ist

Unbedachte Worte

Worte
segeln ruhig
in einer bunten Regatta
am Horizont
eines Gedankenmeeres,

bis sie aufgepeitscht
von einem Sturm
wütender Emotionen
durcheinander
gewirbelt werden.

Eine Böe schleudert
verletzende, unbedachte
Worte empor,
die auf den Grund
eines fremden
Gewässers sinken,

es mit schmerzenden
Wortwracks verseucht,
die mit Wucht
treffend zurückgeschleudert
werden könnten.

Pflichtbesuch

Düstere Wolken
voll Trostlosigkeit
hängen unsichtbar
im Raum.

Ausgeatmete Wut
unterdrückten Lebens
versucht in mich
einzudringen.

Klagen schallen
von Wänden wieder,
die unaufhaltsam
näher rücken.

Ich stemme
mich dagegen,
rüttele an den
Grundmauern
des Selbstmitleides
und der Angst.

Vergebens.

Mir bleibt nur
die Flucht
in die Freiheit
meiner Welt

bevor die Enge
verkrusteter Gedanken
mich begräbt.

Mauerfall

M achtlos
A usgegrenzt
U nterdrückt
E ingesperrt
R esigniert

F reisein
A ufatmen
L oslassen
L eben

ungelöst

wie sandkörner
in den augen
brennen fragen
die sich
nicht lösen
lassen

ausgeschwemmt
von tränen
verfliegen
sie im wind
zu neuen fragen

Fragen

Fragen quälen
meine Seele.

Es deprimiert mich,
oft keine Antwort
zu finden,
so sehr
ich es versuche.

Wie bedrückend
wäre es jedoch,
würden sich
mir keine Fragen
stellen.

UnFrieden

Weltparfüm

Ich wünschte
das Blut
der Gewalt
würde sich
in rote, dornlose
Rosen
verwandeln,

die mit ihren Düften
ein Weltparfüm
des Friedens
aus Liebe
und Verstehen
verströmen könnten.

Sie waren noch Kinder

Er wollte leben,
und starb durch die Schüsse
eines Maschinengewehres.

Sie wollte leben
und starb in den Trümmern
eines zerbombten Hauses.

Sie waren noch Kinder,
die staunend die Welt beschauen,
Sie waren noch Kinder
und schenkten Vertrauen.

Jetzt gibt es sie nicht mehr.
Sie wurden getötet
von einem wahnsinnigen Heer,

von Menschen,
die selbst einmal Kinder waren,
von Menschen,
die gehorchen zum Klang der Fanfaren,
von Menschen,
die große Angst verspüren,
von Menschen,
die das Feuer schüren,
von Menschen,
die auch leben wollen.

Warum?

Es ist Weihnachten.

Es ist Weihnachten. –

In freudestrahlenden Kinderaugen
spiegeln sich
die Lichter des Tannenbaumes
und die Geschenke.

Es ist Weihnachten. –

In verzweifelten Kinderaugen
spiegelt sich der Schein
des Todes
und der Hunger.

Es ist Weihnachten. –

Die dunklen Augen der Raketen
warten auf ihren vernichtenden Einsatz,
der Tausenden von Kindern
das Leben kosten wird.

Es ist Weihnachten! -

Wann endlich wird die Botschaft der Liebe,
die das Kind in der Krippe verkündet hat,
die kalten Herzen erwärmen,
die für das Leid verantwortlich sind?

nach dem anschlag

w ütende hilflosigkeit
o hnmächtige angst
r atloses entsetzen
l assen in
d en

t rauernden
r achegefühle
a usbrechen -

d er fanatismus
e inzelner, die von religiösen

c himären verwirrt
e iskalt morden und freiheit
n iederbrennen wollen, darf nicht
t riumphieren, in dem
e ntsprechende gewalt zum
r echt erhoben wird.

Waffenschmiede

Angst
und Wut
schmieden
Waffen,

die Freiheiten
beschneiden,

und Andersdenkende
in den Abgrund stoßen,

wo neue
Waffenschmiede
entstehen.

Museumsbesuch

Im Gleichschritt
marschieren
schwere Stiefel
über den Asphalt.
Arme werden ausgestreckt.
„Heil Hitler."

Tote
Menschenberge
türmen sich
in Konzentrationslagern
„Vernichtet die Juden."

Aus einem
rauschenden
Volksempfänger
tönt die Stimme des Führers
„Wollt Ihr den totalen Krieg?"

Vor Trümmerbergen
stehen Überlebende
zerstört
an Körper und Seele
„Nie wieder."

Das Museum
gegen das Vergessen
schließt.

Draußen
dröhnen
in der Ferne
schwere Stiefel
auf Asphalt
„Ausländer raus" ...

Staub

Staub bedeckt
Worte
des Friedens
und der Liebe

Staub
der Augen
getrübt hat

Staub
aus der Asche
verbrannter Häuser

Staub
der mit Blut
getränkt wurde

Staub
der vom Wind
verweht werden wird
- irgendwann

Wird dann aber
noch jemand
die Worte
der Liebe und des Friedens
lesen und verstehen können?

Der Stein

Du bist aufgebracht,
möchtest deine Fäuste ballen,
weil viele Menschen noch nicht aufgewacht,
weil immer wieder Schüsse fallen,
weil Umweltschutz nur eine Phrase ist,
weil du Gerechtigkeit vermisst.

Du möchtest den nächsten Stein aufheben,
ihn vor Wut in eine Scheibe schmeißen.
Du möchtest deinen Widerstand ausleben,
um Menschen aus ihrer Lethargie zu reißen.

Aber was würde sein,
wenn dahinter hätte ein Mensch gestanden,
dem getroffen von deinem Stein
für immer die Sinne schwanden?

Du wolltest es nicht,
hast es nicht gesehen,
und doch wäre es geschehen.

Du begannst Gewalt mit Gewalt zu ermorden.
Du wärst dann zu dem geworden,
was du verurteilt hast,
wünschtest, du hättest den Stein nie angefasst.

Hoffnung auf Frieden

Trümmer
zerstörter Gebäude
und verletzter Seelen
lassen kaum Wege
erkennen.

Blut
vermischt sich mit
Regen und Tränen
zu einem Fluss
der Trauer.

Hoffnung
auf Frieden
keimt verborgen auf,
verleiht Opfern
Kraft zum Überleben.

klein wird GROSS

ein großer FRIEDEN
für alle
wunsch, hoffnung
irgendwann
vielleicht

ein kleiner frieden
für einzelne
wurzelt
in jedem
selbst

aufgeblüht
früchte tragend
sich vermehrend
könnte
der kleine
ein großer
FRIEDEN
werden

Hoffnungsschimmer

Tief in mir
fürchte ich,
dass die Stunde
des Menschen
zu Ende geht.

Nur noch wenige Minuten
bis zur Ewigkeit,
nur noch wenige Minuten
- Leben.

Aber auch Minuten
der Hoffnung,
dass Liebe und Einigkeit
ein Wunder vollbringen,
und meine Furcht
zerstreuen.

Überlebensweg

Es scheint mir
nur einen Weg
zu geben
wie Menschheit
langfristig
existieren kann:

Im Frieden
miteinander
und im Einklang
mit der Natur.

Höchste Zeit
ihn zu gehen.

ZuLetzt

Das Foto

Eingefroren
die Bewegung

tonlos übertragen
duftverloren eingefangen

dieser EINE Augenblick
in einem Foto

neu erblickt
mit den Augen
des Betrachters

Seltener Anblick
im Vorbeifahren

Ein heller Fleck
auf grüner Wiese
rennend,
sichtbar werdend
- ein weißes Reh!

Verblüfftes Innehalten
auf beiden Seiten,

schon stürmt es davon
ins verschlingende Nirgendwo
der Landschaft.

Keine Chance
es für andere
einzufangen
mit den Augen
meiner Kamera.

Als wollte es
unsichtbar frei sein,
nur als Erinnerungshauch
durch meine Gedanken wehen.

Fenstersichten

Eingebettet
in altes Gemäuer

umrahmt
von farbgesplittertem Holz

verziert
mit spinnengewebten Gardinen

unterbrochen
von Spiegel-Perspektiven
staubgetönter Scheibenreste

versteckt
verwittertes Fenster
verlassene Raum-Einsamkeit

lebenlichtschatten

licht und schatten
begleiten leben
wie eine seelenhaut
mit eingewebten
schicksalsfarben

zeit

gerade gewesen
und schon vergangen
die ZEIT

immer
genau
jetzt

in diesem moment

verschlingt gegenwart
zukunft
spuckt sie
als vergangenheit aus

unaufhaltsam

vorgegeben
eine zeit
ein leben

sanduhrengleich
rieselt zeit
dem leben davon
ihrem ablauf
entgegen

lebens-Zeit

vergehende Zeit
schlendert eingangs
durchs leben,
als wäre sie
unendlich

gewinnt
an schnelligkeit,
die vergangenheit
zu sekunden
verdichtet

rennt
end-Lich
dem tod entgegen

bleibt verbunden mit ihm
stehen

dasein

einfach
nicht mehr
da sein

verflüchtigt
irgendwo hin

im leben
schwer vorstellbar

und doch
schicksal
allen daseins

Teil des Lebens

Den Tod
als Teil des Lebens
zu begreifen
fällt schwer.

Zu groß
der Schmerz
das Dasein
zu verlassen.

Zu ungewiss
das Danach.

Zu endgültig
das Nie-mehr-Wiedersehen
für die Zurückgebliebenen.

Nichts hilft
die Trauer
zu verringern,

nur Loslassen,
und Neugier
auf das Weiter
des Lebens.

Brücken aus dem Dunkel

Auch wenn Trauer
eine tiefe Schlucht
ins eigene Sein reißt,

die Tränen
in reißende Flüsse
verwandelt

während die Nacht
kein Ende
zu nehmen scheint

durchbrechen
irgendwann
Sonnenstrahlen
das Dunkel

bauen Brücken
zum Lächeln
des Lebens

**Worte
tiefster Trauer**

Worte
tiefster Trauer
wollen
mit Tränen
geschrieben werden,

weil
die Seele
zu ersticken
droht,

wenn
Lachen
den Schmerz
knebelnd
begräbt.

Trilogie: Mein Kind

Ankunft

Noch vor wenigen Minuten
im Dunkel meines Körpers
drangst du ans Licht.

Suchend wanderten
deine Augen
in meine Seele.

Neugierig leuchtend
vertrauensvoll warm
der erste Blick
von dir zu mir.

Abschied

Deine Augen
halten mich fest,
brennen sich
in meine Seele ein,
lassen mich
nicht mehr los.

Ich lächele,
streichele
deine winzigen Hände
nicht ahnend,
es ist der Abschied
von dir.

Trauer

Meine Tränen
fallen auf die Blumen
auf deinem Grab

spiegeln
wie Tautropfen
die Sonne wieder,

erinnern mich
an deine Augen,
die noch immer
in mir leuchten.

Eine letzte Träne

Eine einzelne Träne
aus trüben Augen,
ein letzter Atemzug

Seltsamer Friede
erfühlt den Raum
aus Nichtbegreifen,
und endgültigem Abschied

Stille
senkt sich über
den Menschen,
der aufgehört hat,
zu sein
und
zur Erinnerung
wird

Graue Zeit

Es gibt eine Zeit
der Trauer,
die schwarze Schatten wirft
und Farbiges ergrauen lässt

Trost spendet
die Erinnerung
an die Farbtupfer
des Lebens
die das Grau
durchbrechen können

Betroffenheit

Wenn der Tod
ein vertrautes
Gesicht
nimmt,

dringt
Trauer in
uns ein,

und mit ihr
die Gewissheit,
dass auch
wir
sterblich sind.

Letzte Frühlingsfahrt

Gelb leuchtende Sonne
im aufblühenden Grün
lockt hinaus
auf die Straße
rasender Freiheit entgegen

Zerbeultes Blech
rot im Straßengraben
weiße Plane
auf braunem Acker
bleiche Hand unbedeckt

Versunkene Sonne
blutorange
über grauem Asphalt

Der Tag

Irgend ein Tag
wird der letzte sein.

Egal,
wie stark wir uns
dagegen wehren.

Er wird sein.

Doch bevor
dieser eine Tag kommt,
wird es
viele Tage geben,
werden diese Tage
unser Leben.

Abschiede

Das Leben besteht
aus vielen Abschieden.
Kleinen,
wenn der Tag zu Ende geht,
Großen,
wenn jemand stirbt.

Abschiede
können weh tun.

Oft lässt der Schmerz
des Abschiedes vergessen,
dass nach jedem Abschied
ein Neuanfang folgt.